Standard ⁷⁄₈ Deutsch

Leseheft · *Zeitung & Co.*

AF204384

Erarbeitet von Dominika Offermann und
Shervin Azarvan
Illustriert von Maja Bohn

Inhaltsverzeichnis

HEUTE IM ANZEIGENTEIL → 226 Stellen, 1497 Immobilien, 555 Autos | → **Druckauflage** 473 000 Exemplare |
→ **Leser-Quiz** – was alles im Jahr 2009 geschah Seite B 4 | → **Ausstellung** – Dinos im Bonner Museum König Seite B 14

€ 1.25
Jahrgang 64
NR. 284, D

RHEINISCHE POST

ZEITUNG FÜR POLITIK UND CHRISTLICHE KULTUR

SAMSTAG 5. / SONNTAG 6. DEZEMBER 2009

Auftakt zur neuen Serie: Lourdes – Wallfahrt zu Maria
Sechs Millionen Menschen pilgern jedes Jahr nach Lourdes. In einer neuen Serie erkunden wir den französischen Marienwallfahrtsort. Seite A 8

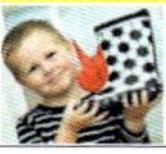

Ein Nikolaus erzählt, und Kinder zeigen ihre Stiefel
Der Moerser Jörg Zimmer blickt auf eine 20 Jahre währende Karriere als Nikolaus zurück. In dieser Zeit füllte er viele Kinderstiefel mit Geschenken. Seite A 3

Campino im großen Interview: „Ich kann leben, wie ich will"
Der Toten-Hosen-Chef macht nicht nur Musik, er bezieht auch Stellung. Ihn nervt das Klagen über die Krise, von Politikern wünscht er sich Haltung. Magazin

→ **LOKALES**

Beigeordneter Werner Leonhardt gestorben

DÜSSELDORF Im Rathaus der Landeshauptstadt herrscht Trauer: Die Nachricht vom plötzlichen Tod des Ordnungs- und Verkehrs-Dezernenten Werner Leonhardt hat alle, die ihn kannten, tief getroffen. Der 63-Jährige war in der Nacht zu gestern in seinem Haus in Rösrath leblos aufgefunden worden. Zur Todesursache gibt es noch keine Hinweise. Leonhardt war seit 14 Jahren Beigeordneter in Düsseldorf.
LOKALES SEITE C 1

WETTER

morgens   nachmittags

Heute Es ist stark bewölkt, am Nachmittag gibt es Regen bei schwachem Wind aus Süd.

ZITAT

„Gute Leute haben bei mir noch nie Angst ausgelöst."

Horst Seehofer, CSU-Chef, über das zunehmende politische Gewicht von Parteifreund Karl-Theodor zu Guttenberg

→ **LINKS AUSSEN**

Wer die bunten Broschüren seiner Bank verstehen will, braucht hierzulande eigentlich einen Hochschulabschluss. Das ist das ebenso erschütternde wie unverbesserbare Ergebnis einer neuen Studie. Das Kommunikationsforschungsinstitut, das sie erstellt hat, kristisiert vor allem den großzügigen Gebrauch englischer Ausdrücke. Das ist schon lustig, denn das Institut nennt sich auf gut Deutsch „Communication Lab". Da sieht man, nobody is perfect.

Bleibt die Tatsache, dass das Fachchinesisch dem Durchschnittsmenschen total spanisch vorkommt. Und spätestens seit der Finanzkrise wissen wir: Dem Durchschnittsbanker auch. Das ist schon, so mit stark bewölkt, am einander vorbei. Nun fordern Experten, die Geldinstitute sollten die vielen englischen Wörter doch bitte durch deutsche ersetzen. Aber irgendeine gibt es keine. Womit festgestellt, dass wir mit unserem Latein wirklich am Ende sind. bee

www.rp-online.de

RUBRIK-ANZEIGEN

● Beruf & Karriere .... ab Seite M 13
● Immobilien & Geld .... ab Seite M 33
● Auto & Mobil .... ab Seite M 27
● Reise & Welt .... ab Seite M 7
● Ehe & Bekanntschaften .... Seite M 12
● Sport & Antiquitäten ...... ab Seite M 46
● Tiermarkt .... ab Seite M 46
● Camping & Sport .... ab Seite M 46
● TV/Video/Hifi/Musik ...... ab Seite M 46
● Bau- & Industriemarkt ..... ab Seite M 47
● Haus- & Gartenbedarf ..... Seite M 47
Weitere Anzeigen im Lokalteil

RP-KONTAKT
Anzeigenannahme
0180 2 00 20 30* / Mo. bis Fr. 8–18 Uhr
Leserservice
0180 2 09 20 30*, Mo.–Fr. 6.30–18, Sa. 6.30–12 Uhr
*0,06 €/Anruf a. d. Netz der DTAG, ggf. abw. Preise im Mobilfunk

4 190586 801255 60049

„Deutsche gehen zu oft zum Arzt"

Die Deutschen gehen 17 Mal pro Jahr zum Doktor und sind damit Weltmeister. Kassenärzte-Chef Hansen fordert eine Praxisgebühr für mehr Kostenbewusstsein.
VON ANTJE HÖNING

DÜSSELDORF Der Chef des Kassenärztlichen Vereinigung (KV) Nordrhein, Leonhard Hansen, beklagt, dass deutsche Patienten kein Kostenbewusstsein haben. „Die Deutschen gehen zu oft zum Arzt – im Schnitt 17 Mal im Jahr. Das ist so viel wie in keinem anderen Land der Welt und liegt auch daran, dass Patienten kein Kostenbewusstsein haben", sagte Hansen unserer Zeitung. Dies könne man durch eine Reform der Praxisgebühr ändern.

Hansens schlägt vor, dass Patienten beim Hausarzt keine Praxisgebühr mehr zahlen müssen. Wer jedoch ohne Überweisung den Facharzt aufsucht, soll 20 Euro zahlen. Damit hofft er, überflüssige Arztbesuche und Doppeluntersuchungen unattraktiv zu machen. Die gegenwärtige Praxisgebühr hält Hansen für un-

glücklich, da 54 Prozent der Kassenpatienten dank vielfältiger Ausnahmeregeln befreit sind. Eine Abschaffung der Praxisgebühr könnte sich die neue Bundesregierung nicht leisten. „Die Krankenkassen brauchen die rund zwei Milliarden Euro aus der Praxisgebühr", so Hansen.

Als Beispiel für eine überflüssige Untersuchung nennt der KV-Chef den routinemäßigen PSA-Test, mit dem Männern auf eigene Kosten auf Prostata-Krebs untersuchen lassen. „Der alleinige PSA-Test ist zwar ein gutes Geschäftsmodell für Urologen. Doch tatsächlich ist der Test als Routineuntersuchung ungeeignet, da er zu oft falschen Alarm gibt", sagt Hansen. Zudem sei Prostata-Krebs in der Regel kein tödlicher Krebs. 80 Prozent der 80-Jährigen hätten ihn, ohne daran zu sterben.

Auch viele Arzneien seien überflüssig oder unnötig teuer. „Deutschland ist ein Paradies für Pharmahersteller, wie sie in vertraulichen Gesprächen selbst zugeben", sagte Hansen. Wer die Zulassung für ein neues Medikament habe, könne es zu jedem beliebig hohen Preis verkaufen. „Kein Wunder, dass hierzulande die durchschnittliche Überlebensdauer von Krebspatienten in den vergangenen 20 Jahren um das Vierfache gestiegen ist. Die Arzneiausgaben für Krebskranke aber um das 100-fache", sagte Hansen. All das würde die Ausgaben der Krankenkassen und damit die Belastung der Beitragszahler.

Gesundheitsminister Philipp Rösler (FDP) geht zwar davon aus, dass die Kassen das Jahr 2009 mit einem Überschuss abschließen. Doch bis Ende September hatten sie ein Plus von 1,4 Milliarden. Für 2010 wird ein Defizit von 7,5 Milliarden Euro erwartet. Röslers bewerfeht dennoch, dass Kassen im nächsten Jahr auf breiter Front Zusatzbeiträge erheben.
WIRTSCHAFT SEITE B 3

INFO

Ärzte auf dem Land

Im Kampf gegen den Ärztemangel auf dem Land schlug die Kassenärztliche Bundesvereinigung vor, Patientenversorgung und -steuerung zu beeinflussen.

Patientenvertreter stemmten sich dagegen, wo sich Ärzte niederlassen sollen.

Nur so lasse sich die flächendeckende Versorgung sichern, sagte KBV-Chef Andreas Köhler. Niemand brauche im Umfeld einer Klinik fünf Ärzte der gleichen Fachrichtung, die fehlten aber in der Fläche.

2. FUSSBALL-BUNDESLIGA

Fortuna schlägt Bielefeld 3:2 vor 30 300 Zuschauern

DÜSSELDORF (RP) Die Düsseldorfer Fortuna hat in der Zweiten Liga ihre Erfolgsserie ausgebaut und schlug die zuvor Arminia Bielefeld mit 3:2 gewonnen. Die 2:0-Pausenführung durch Martin Harnik (17. Minute) und Ranisav Jovanovic (22.) hatte der Aufsteiger verspielt, doch dies verhinderte sie mit einem umstrittenen Foulelfmeter (80.) den Sieg. Diesen sahen 30 300 Zuschauer in der Esprit-Arena – Rekord für ein Zweitliga-Heimspiel der Fortuna. **SPORT** SEITE B 7 FOTO: DPA

Weg frei für Neuwahl in Dortmund

DORTMUND (RP) Der neue Dortmunder Oberbürgermeister Ullrich Sierau (SPD) hat sich gestern für eine Wiederholung der Wahl des Oberbürgermeisters, des Stadtrates und der Bezirksvertretungen ausgesprochen. Er empfehle dem Stadtrat, den Weg für eine Wahlwiederholung freizumachen. Gegen ein entsprechendes Votum des Rates werde er nicht klagen, sagte Sierau.

Um den Ausgang der Kommunalwahlen vom 30. August gibt es seit Wochen Streit, weil vor einem Tag nach dem Urnengang ein Finanzloch bekanntgeworden und eine Haushaltssperre verhängt worden war. Gegen die Kommunalwahl gingen mittlerweile mehr als 350 Bürgerinnen ein – darunter ein Einspruch der Bezirksregierung Arnsberg. Die Opposition hatte der SPD Wahlbetrug vorgeworfen, weil sie die Wähler über die Finanzprobleme nicht vorab

informiert habe. SPD und Grüne, die die klare Mehrheit im Stadtrat haben, gerieten gestern mit, sie sei es ebenfalls für die Neuwahl, die CDU. FDP und Linke waren ohnehin für die Neuwahl.

Sierau bekräftigte, dass er vor der Wahl nichts von den Finanzproblemen gewusst habe. „Die Bürger sind wie in das jetziger Hickhack um die Rechtsgültigkeit der Wahl leid." Deshalb sei die Neuwahl der richtige Weg.

Ullrich Sierau bei der Vereidigung als OB am 29. Oktober. FOTO: DDP

NRW bei Wachstum im Ländervergleich hinten

VON MARTIN KESSLER

BERLIN Nur das Saarland hat sich in den vergangenen Jahren schwächer als Nordrhein-Westfalen entwickelt. Das bevölkerungsmäßigste Bundesland belegte im Wachstumsvergleich nur Rang 15. Rang. Sieger im Bundesländer-Ranking des Instituts IW Consult im Auftrag der Initiative Neue Soziale Marktwirtschaft oder „Wirtschaftswoche" wurde Sachsen-Anhalt. Das Ost-Bundesland steigerte Wohlstand und Wirtschaftskraft zwischen 2005 bis 2008 am stärksten.

Im Bestandsranking schnitt Nordrhein-Westfalen ebenfalls äußerst schwach ab. Nach rangierte nur auf Rang 14 hinter dem einstigen Kraftzentrum

Deutschlands. Als Stärken des Landes zwischen Rhein und Weser nennt die Studie die schlanke Verwaltung, das hohe verfügbare Pro-Kopf-Einkommen (beide Rang fünf) und die niedrige Zahl der Schulabgänger ohne Abschluss (Rang drei).

Deutsche Schwächen zeigte NRW beim Wirtschaftswachstum, den geringen öffentlichen Investitionskosten (beide Rang 14) und der schlechtesten Altersversorgung (Rang 13).

Sieger in der absoluten Wirtschaftskraft wurde erneut Bayern vor Baden-Württemberg und Hamburg. Die beiden Südländer sind allerdings von der Weltwirtschaftskrise – übrigens genauso wie Nordrhein-Westfalen – sehr stark betroffen.
LEITARTIKEL SEITE A2

Im größten deutschen Bundesland gibt es zu wenige Arbeitsplätze

Deutschland spielt bei WM gegen Australien, Serbien und Ghana

KAPSTADT (RP) Die deutsche Nationalelf trifft bei der Fußball-WM im kommenden Jahr in Südafrika (11. Juni bis 11. Juli) in der Gruppenphase auf Australien, Serbien und Ghana. Das Auftaktspiel bestreitet das DFB-Team in der Gruppe D am 13. Juni in Durban gegen Australien. Das ergab die mit Spannung erwartete Auslosung gestern in Kapstadt. Am 18. Juni spielt die DFB-Elf in Port Elizabeth gegen Serbien und am 23. Juni in Johannesburg gegen Ghana. Die Deutschen haben damit lösbare Aufgaben bekommen. „Das ist auf den ersten Fall eine sehr interessante Gruppe", sagte Bundestrainer Joachim Löw. „Australien kennen wir schon vom Confederations Cup 2005. Vor Serbien haben wir großen Respekt. Die haben sehr gute Spieler. Ghana hat als Kasse-Spieler, die auf einem Topniveau spielen." Die Niederlande treffen in Gruppe E auf Dänemark, Japan und Kamerun. Die vermeintlich schwerste Gruppe hat Rekordweltmeister Brasilien erwischt: Gegner in der Gruppe G sind Nordkorea, Elfenbeinküste und Portugal.
SPORT SEITE B 5

NRW-Lehrer drohen mit Streik am 10. Dezember

DÜSSELDORF (RP) In der bundesweiten Tarifrunde für die angestellten Lehrer haben die Gewerkschaften in NRW mit „Protestaktionen in Form von Unterrichtsausfällen" gedroht. Sollten die Arbeitgeber kein akzeptables Angebot machen, werde es am 10. Dezember in Schulen in Dortmund, Duisburg, Köln und Wuppertal zu solchen Protesten kommen. Der GEW-Landesvorsitzende Andreas Meyer-Lauber betonte, die schlechte Bezahlung angestellter Lehrer sei mit die Hauptursache für den bestehenden Lehrermangel in NRW.

Ministerin will Import von Gift-Spielzeug verbieten

BERLIN (RP) Die neue Verbraucherschutzministerin Ilse Aigner (CSU) hat ein Importverbot für Spielzeug mit krebserregenden Stoffen angekündigt. „Wenn es weltweit gilt, dass die außereuropäischen Spielzeug-Importeure ihre Gewänsche nach unten korrigieren, werden die Werte national neu festlegen. Bestimmte Importe sind dann verboten", sagte Aigner unserer Zeitung. Eltern mit ihr, auf Chinas Kennzeichnung zu achten.
POLITIK SEITE A 4

Bundestag beschließt Steuerentlastungen

BERLIN (ap) Der Bundestag hat das umstrittene Steuerpaket verabschiedet. Dafür stimmte gestern die Schwarz-gelb-Regierungskoalition. Eltern, Erben, Unternehmen und die Hotelbranche können nun ab Januar auf Entlastungen von 8,5 Milliarden Euro hoffen. Fraglich ist weiter, ob die Bundesländer im 18. Dezember zustimmt. Die Regierung appelliert an die Länder zuzustimmen.
WIRTSCHAFT SEITE B 3

→ **KOPF DES TAGES**

Botschafter Stevie Wonder

Der seit Geburt blinde US-Sänger Stevie Wonder setzt sich als neuer UN-Friedensbotschafter für die Rechte von Behinderten ein. Wonder sei „ein musikalisches Genie", lobte UN-General-sekretär Ban Ki Moon in New York. Weitere UN-Botschafter für Frieden sind Michael Douglas, George Clooney und Elie Wiesel.
FOTO: REX

Die deutschen WM-Gegner

AUSTRALIEN
SERBIEN
GHANA

Das Glück hat uns geknutscht

Strahlender Bundestrainer: Jogi Löw (49) freut sich über eine leichte WM-Gruppe D

Foto: OLIVER LANG/AFP

Sonnabend 284/49
5. Dezember 2009 0,60 €

Bild

UNABHÄNGIG · ÜBERPARTEILICH

www.bild.de

Was für Glückslose für Deutschland und Bundestrainer Jogi Löw! Bei der WM in Südafrika treffen wir in der Vorrunde auf Serbien, Ghana und Australien. Das schaffen wir locker, Jogi! Brasilien hat dagegen eine Hammergruppe. 5 Sonderseiten mit Riesen-Spielplan zum Herausnehmen – SPORT

Bayern-Gladbach 2:1

STIFTUNG WARENTEST
Weihnachts-Geschenke gut und günstig

Unsicher, was Sie zu Weihnachten verschenken sollen? Stiftung Warentest empfiehlt offiziell Produkte, die besonders gut im Test abgeschnitten haben und günstig sind – S. 4.

Foto: MAURITIUS/HAAS-KROPP

Jede 4. Firma will Stellen streichen

Berlin – Die Lage am Arbeitsmarkt wird kritischer! In den kommenden 12 Monaten will jede vierte Unternehmen in Deutschland Personal abbauen. Das ergab eine DIHK-Umfrage unter 20 000 Unternehmen. Verbandspräsident Driftmann rechnet laut WELT damit, dass gering qualifizierte Industriearbeiter am stärksten betroffen sein werden.

Wirtschaft im Osten holt auf!

Der Osten macht quote zu. Forschritte in den neuen Ländern: Die Wirtschaft wuchs. Die Ländern zuletzt viel dynamischer als im Westen. BILD zeigt, wo der Aufschwung am stärksten ist.

- Sachsen-Anhalt
- Brandenburg
- Mecklenburg-Vorpommern
- Sachsen
- Thüringen
- Berlin
- Bayern
- Baden-Württemberg
- Bremen
- Niedersachsen
- Hessen
- Rheinland-Pfalz
- Schleswig-Holstein
- Hamburg
- Nordrhein-Westfalen
- Saarland

(QUELLE: HWWI MARKTS...)

Nikolaus im Affenhaus

Da muss doch noch was drin sein ... Diese beiden Katta haben sich bereits gestern im Trapezhaus des Hamburger Tierparks Hagenbeck über ihren Nikolausstiefel hergemacht. Äpfel, Nüsse und Rosinen stecken drin – das Lieblingsessen der Halbaffen aus Madagaskar. Alle braven Kinder dürfen jetzt wohl warten: Dann ist Nikolaus tag!

NEU IM SUPERMARKT
Mit Fingerabdruck bezahlen

Fingerabdruck-Scanner an der Kasse

Köln – Erstmals können Kunden in Deutschland mit ihrem Fingerabdruck zahlen.

Bei Rewe in Hürth (NRW) braucht man jeden Kredit- oder EC-Karte noch auch kein Bargeld mehr. Die Kunden müssen an der Kasse einfach einen Finger auf das Lesegerät, und die Supermarkt rechnung wird mit Konto gebucht. „FingerPayment" heißt das Verfahren. Um das Verfahren zu nutzen, müssen sich die Kunden an einem Automaten im Markt registrieren. Hat das System Erfolg, wird es bundesweit in Rewe-Filialen eingeführt.

Datenschützer schlagen Alarm. Rewe-Sprecherin Andreas Kraemer erklärt aber: „Es wird niemals der komplette Fingerabdruck gespeichert." Nur Teile werden erfasst und bei einer Spezial-Firma verwaltet.

48 % gegen Minarett-Verbot

Berlin – 48 % der Deutschen lehnen laut einer Emnid-Umfrage für die BILD am SONNTAG ein Bauverbot für Minarette ab. Nur 38,5 nach der nach für ein solches Verbot.

Neues Sorgerechts-Gesetz

München – Bundesjustizministerin Sabine Leutheusser-Schnarrenberger (FDP) kündigte einen neuen Gesetzesentwurf an, der den Sorgerechtsanspruch unverheirateter Väter stärken soll.

Bleiberecht verlängert

Berlin – Die Innenminister der Bundesländer haben eine Verlängerung des Bleiberechts für langjährig geduldete Ausländer um 2 Jahre beschlossen.

Kassen 5 Euro teurer?

Berlin – Die 2010 drohenden Zusatzbeiträge bei gesetzlichen Krankenkassen werden laut Gesundheitsministerium acht Euro pro Monat nicht übersteigen.

NATO schickt 7000 Soldaten

Brüssel – Die Verbündeten der USA wollen laut NATO-Generalsekretär Anders Fogh Rasmussen mindestens 7000 zusätzliche Soldaten nach Afghanistan schicken.

Vorwürfe gegen Berlusconi

Rom – Ein Ex-Mafioso hat Italiens Ministerpräsidenten Silvio Berlusconi vor Gericht schwer belastet.

Das schließt im Plus

Frankfurt/M. – Dax: 5818 (+ 48), Euro: 1,5068 (1,5120) Dollar, Kilobarren Gold: 25 696,35 (+ 192,55) Euro

NACHRICHTEN
Leserbriefe Seite 6

Gewinner
Über Ihr Frank Beckenb (60), Chef der Zeitschrift „ Leitex International"...

Verlierer
Der neue parlamentarische Staatssekretär im Arbeitsministerium, Hans-Joachim Fuchtel (CDU, 57)...

1 Welche Zeitung spricht dich eher an? Begründe.

_____

_____

_____

2 Was fällt dir beim Betrachten der beiden Titelseiten auf?
Trage in die Tabelle ein.

	Rheinische Post	BILD Zeitung
Wie ist die Seite aufgebaut?		
Welche verschiedenen Elemente kannst du erkennen? Vergleiche Schriftgröße und Bildauswahl.		
Welche Themen werden bearbeitet?		
Welche Artikel sind besonders wichtig? Warum?		
Welche Artikel interessieren dich besonders? Warum?		

3 Was für eine Sprache wird verwendet?
Markiere dazu alle Verben. Was fällt dir auf?

_____

_____

4 Über welche Ereignisse wirst du auf der ersten Seite
informiert? Gibt es Unterschiede?

_____

_____

5 Von welcher Zeitung erwartest du mehr aktuelle
Informationen?

_____

_____

6 Sieh dir die Ankündigung der verschiedenen Artikel an.
Welche Unterschiede gibt es?

_____

_____

7 Welche Themengebiete einer Zeitung kennst du?

_____

_____

Artikel, Schlagzeile & Co.

Schlagzeile

Eine Schlagzeile ist die Überschrift eines Artikels. Sie bezieht sich ganz knapp auf eine sehr wichtige Information des Artikels und versucht, den Leser neugierig zu machen.

1 Lies die Texte und kläre unbekannte Begriffe.

2 Markiere die wichtigsten Informationen der Artikel.

3 Ordne die folgenden Schlagzeilen den entsprechenden Artikeln zu.

Mit Pferd, Degen und Pistole

Wasserkiosk als Dorftreffpunkt

Sauberes Wasser für alle

Vom antiken zum modernen Fünfkampf

a) Schlagzeile:

_____

HAMBURG. Viele Menschen auf der Welt kommen nicht an sauberes Wasser ran. Um das zu verbessern, gibt es in Afrika inzwischen Wasserkioske. Hier können Menschen für wenig Geld sauberes Wasser kaufen. Ein Kanister mit 20
5 Litern kostet zum Beispiel rund einen bis zwei Cent. Bevor es die Wasserkioske gab, sind dort Leute herumgereist und haben Wasser aus Tanks verkauft. Dabei konnten sich die Menschen aber nie ganz sicher sein, ob das Wasser wirklich sauber ist. Ein einzelner Wasserkiosk – etwa in Kenia oder
10 Sambia – versorgt 500 bis 1500 Menschen mit sauberem Trinkwasser. Die Verkäufer müssen für den Kiosk Miete

bezahlen. Dafür können sie einen Teil der Einnahmen
behalten. Außerdem dürfen sie noch andere Sachen verkaufen, zum Beispiel Lebensmittel. So werden die Wasserkioske
15 schnell zu einem Treffpunkt im Dorf. (dpa)
(Aachener Zeitung – Stadt, 17. Aug. 2009)

b) Schlagzeile:

_____

Vor mehr als 2000 Jahren war der Fünfkampf bei den Griechen die Königsdisziplin der Olympischen Spiele. Die Sportler traten im Speerwurf, Diskuswurf, Weitsprung, Laufen und Ringen an. Heute laufen, fechten, schwimmen, schie
5 ßen und reiten die Sportler. Pierre de Coubertin hat den modernen Fünfkampf erfunden. Er wollte einen Wettbewerb für den vollkommenen Athleten schaffen. Er sollte schnell und ausdauernd sein, sich gut konzentrieren und mit Pferden umgehen können. 1912 war der Wettbewerb
10 erstmals Teil der Olympischen Spiele.
(Aachener Zeitung – Stadt, 11. Aug. 2009)

c) Schlagzeile:

_____

HAMBURG. Wir brauchen mehr sauberes Wasser! Seit Sonntag treffen sich Experten bei der Weltwasserwoche und reden über solche Dinge. Diese Wasserwoche gibt's einmal im Jahr. Sie findet in Stockholm in Schweden statt.

5 Diesmal beraten die Teilnehmer auch darüber, wie alle Menschen auf der Welt mit sauberem Wasser versorgt werden können. Denn immer noch kommen fast eine Milliarde Leute nicht an genug Wasser ran. Insgesamt leben rund 6,8 Milliarden Menschen auf der Welt. Durch den Klimawandel
10 wird das Problem noch größer – zum Beispiel weil es in einigen Gebieten mehr Dürren gibt. Besonders schwer haben es schon jetzt die Leute in Afrika südlich der Wüste Sahara. Das sagte die Kinderhilfsgruppe Unicef. In der Region sterben viele Menschen, weil sie nicht genug Wasser
15 haben oder weil das Wasser dreckig ist.

Das ist für Kinder sehr schlimm, die ja noch wachsen. Um zu helfen, bauen verschiedene Organisationen dort zum Beispiel Brunnen und Toiletten. Die Weltwasserwoche geht bis zum 22. August. Auch Konzerte sollen stattfinden, damit
20 junge Leute auf die Wasser- und Klimaprobleme aufmerksam gemacht werden. (dpa)

(Aachener Zeitung – Stadt, 17. Aug. 2009)

d) Schlagzeile:

_____

Sportler, die im modernen Fünfkampf starten, müssen ausdauernd und flexibel sein. Vom 13. bis 17. August fechten,
schwimmen, reiten, schießen und laufen sie bei der Weltmeisterschaft in London. [...]
5 Für jede Disziplin erhält der Sportler eine gewisse Anzahl
von Punkten. Bei großen Wettkämpfen, etwa beim Finale
der Weltmeisterschaft jetzt in London, sieht der Ablauf so
aus: Los geht es am frühen Morgen mit dem Fechten. Jeder
kämpft dabei gegen jeden. Bei jedem Gefecht gilt: Wer den
10 ersten Treffer am Körper des anderen landet, hat gewonnen. Es folgt gegen Mittag das Schwimmen. 200 Meter Frei-
stil stehen an, also Kraulen. Dann geht es zum Springreiten.
Ein Parcours mit Hindernissen ist aufgebaut. Ziel ist, in
einer vorgegebenen Zeit durchzukommen, ohne etwa Stan-
15 gen abzuwerfen. Das Besondere: Die Sportler kennen das
Pferd nicht, mit dem sie reiten. Die Tiere werden zugelost.

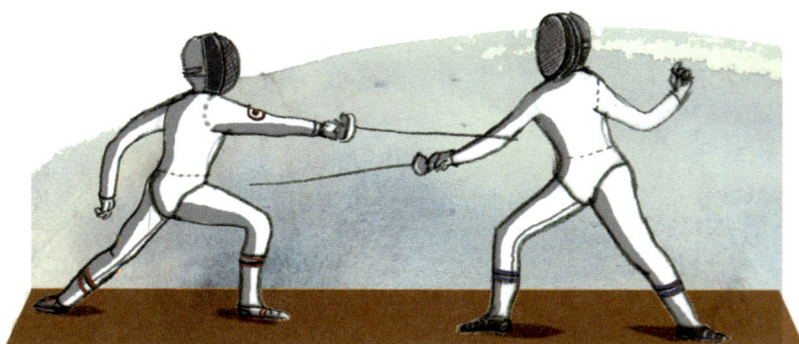

Die letzten Disziplinen sind Laufen und Schießen. Neu ist
seit diesem Jahr, dass Laufen und Schießen miteinander
kombiniert werden. Die Fünfkämpfer laufen los, schießen
20 zwischendurch auf Zielscheiben und laufen weiter. Anders
gesagt: Sie laufen drei Mal 1000 Meter und müssen drei Mal
in den Schießstand. Wer die fünf Zielscheiben getroffen hat,
kann weiterlaufen. Für denjenigen, der nach den 3000 Metern am Ziel angekommen ist, ist der Wettbewerb vorbei.
25 Sieger ist, wer die meisten Punkte erzielt. „Das Ganze ist
sehr anstrengend", sagt Jens Oellien vom Verband für
Modernen Fünfkampf Nordrhein-Westfalen. „Alle fünf Disziplinen finden an einem Tag statt." Mit Pausen dauert so
ein Wettkampf oft mehr als neun Stunden. (dpa)
30 *(Aachener Zeitung – Stadt, 11. Aug. 2009)*

4 Begründe, warum du welche Schlagzeile zugeordnet hast.
Gibt es einen Zusammenhang zu den markierten
Informationen?

5 Sieh dir die Schlagzeilen noch einmal an.
Was würdest du als gemeinsames Kennzeichen der Schlagzeilen bezeichnen?

_____

_____

_____

6 Denke dir eigene Schlagzeilen zu den folgenden Artikeln
aus. Achte darauf, dass deine Schlagzeile kurz ist und
wichtige Informationen beinhaltet.

a) Schlagzeile:

_____

HEINSBERG. Nachdem die Polizei gestern Abend wegen
Schüssen und einer Schlägerei in die Heinsberger Innen-
stadt gerufen wurde, fand sie in der größten Einkaufsstraße
der Stadt zwei Verletzte. Einer war schwer verletzt von
5 einem Stich. Der andere wurde von einem Schuss vermutlich aus einer Gaspistole leicht verletzt. Der genaue Tather-
gang blieb zunächst unklar. Zwei Tatverdächtige wurden
kurze Zeit später im Stadtgebiet festgenommen. (az)
(Aachener Zeitung – Stadt, 18. Aug. 2009)

b) Schlagzeile:

WASHINGTON. Hmm, frisch gelegte Eier! Die sind besser als alle, die man in Supermärkten kaufen kann, schwärmt Benjamin Stein. Der 30-jährige Computerexperte lebt in der Riesen-Stadt New York in den USA. Er mag seine drei Hühner, die er seit einem Jahr in seinem Garten hält. „Ich liebe es, sie von meiner Hängematte aus beim Staubbad zu beobachten", sagt Benjamin Stein. Hühner als Haustiere? Das findet er nicht ungewöhnlich. Damit ist er nicht allein. Denn in vielen Hinterhöfen und Gärten in amerikanischen Städten scharren und picken Hühner. Ihre Halter tauschen sich unter anderem auf Internetseiten aus. Sie diskutieren dort zum Beispiel, wie man einen Brutkasten baut. Warum begeistern sich so viele Städter für das Federvieh? Benjamin Stein sagt: „Viele Leute wissen fast nichts über die Nahrung, die sie täglich zu sich nehmen." Sie möchten wissen, woher etwa ihre Frühstückseier kommen. Und der einfachste Weg, das herauszufinden, sind Hühner im eigenen Garten. So einfach ist es allerdings oft nicht. Denn in einigen US-Städten ist es verboten, Geflügel im Hof oder Garten zu halten. Zum Beispiel in der Hauptstadt Washington im Osten der USA. Und viele Leute halten gar nichts von Hühnern mitten zwischen vielen Menschen. Sie sagen: Hühner machen viel Dreck und können dadurch Krankheiten übertragen. (dpa)
(Aachener Zeitung – Stadt, 18. Aug. 2009)

c) Schlagzeile:

BERLIN. Der Alptraum eines jeden Rummelplatzbesuchers ist beim Deutsch-Amerikanischen Volksfest in Berlin wahr geworden. Das Fahrgerät „Stargate" war in voller Fahrt zum Stehen gekommen – und 16 Menschen bangten* kopfüber*
5 hängend in 15 Metern Höhe um ihr Leben und schrien um Hilfe. Erst nach langen 45 Minuten konnten sie gerettet werden. Laut Feuerwehr wurde kein Fahrgast verletzt. (dpa)

* **bangten:** Vergangenheitsform von bangen, Angst haben

* **kopfüber:** mit dem Kopf nach unten

d) Schlagzeile:

_____

DÜSSELDORF. Eltern sollten für den Schulweg ihrer Sprösslinge* auf das Auto verzichten: Der morgendliche Fußweg
erziehe die Kinder zu Verkehrssicherheit und Selbstständig-
keit, betonte die Landesverkehrswacht (LVW) gestern in
5 Düsseldorf. Der Weg zur Schule sei eine „Herausforderung“,
die die Kinder nach einigem Üben allein bestehen sollten.
Die frische Luft und die Bewegung könnten den Jungen und
Mädchen außerdem helfen, die morgendliche Müdigkeit
abzuschütteln und sich auszutoben. Damit sei ein konzent-
10 rierter Start in den Schultag sicher. (dpa)

* **Sprösslinge:** Kinder

Alle Texte, die Journalisten schreiben, werden Artikel genannt. Es gibt verschiedene Formen von Artikeln.

Hunde schalten Autoradio an

MÖNCHENGLADBACH (IdS). Mit lauter Musik aus dem Autoradio haben zwei Hunde aus Mönchengladbach einen Polizeieinsatz ausgelöst. Die Vierbeiner waren in einem Fahrzeug zurückgelassen worden. Anwohner hatten die
5 Beamten alarmiert, weil sie sich durch die aufgedrehte Musik gestört fühlten. Wie sich herausstellte, hatten die Tiere beim Herumtollen im Auto selbst das Radio eingeschaltet und auch gleich voll aufgedreht.
(Westdeutsche Zeitung, 11. Nov. 2002)

1 Erinnere dich: Wie lauten die W-Fragen? Notiere sie.

_____

_____

2 Welchen Eindruck hast du von der Sprache dieses Textes? Suche nach Textstellen, die deinen Eindruck belegen.

_____

_____

_____

Nachricht

Eine Nachricht ist ein Artikel, der den Leser über besondere Ereignisse informieren soll. Das geschieht, indem die Nachricht die Antworten der W-Fragen beinhaltet.
Es ist wichtig, dass eine Nachricht sachlich geschrieben ist. Das heißt, dass der Autor nicht schreiben darf, was er denkt. Man erwartet auch, dass eine Nachricht die Wahrheit mitteilt. Es gibt zwei Arten von Nachrichten: die Meldung und der Bericht.

Die Meldung

Eine kurze Nachricht nennt man Meldung. Eine Meldung kann so kurz sein, dass nur die wichtigsten W-Fragen behandelt werden (Was? Wer? Wo? Wann? Warum?).

3 Unterstreiche die Antworten auf die W-Fragen im Text auf S.18 in unterschiedlichen Farben und notiere die Antworten.

 as (ist passiert)?

_____

 er (war beteiligt)?

_____

 ann (passierte es)?

_____

 o (passierte es)?

_____

 ie (ist es passiert)?

 arum (ist es passiert)?

 elche Folgen (hatte das)?

4 Was stellst du nach dem Unterstreichen fest?

☐ Viele Textstellen werden gar nicht unterstrichen.
Sie antworten auf andere Fragen.

☐ Fast der gesamte Text wird unterstrichen. Er besteht aus
den Antworten auf die W-Fragen.

☐ Auf viele W-Fragen gibt der Text gar keine Antwort.
Sie sind für die Schilderung der Ereignisse unwichtig.

5 Auf eine Frage findest du im Text keine Antwort.

a) Auf welche? _____

b) Versuche zu erklären, warum gerade diese Angabe in
der Zeitung oft fehlt?

_____

_____

_____

6 In welche Rubrik einer Zeitung würdest du den Artikel einordnen? Belege deine Zuordnung durch den Text.

7 Stelle dir vor, du bist der Verfasser des folgenden Artikels und hast die Informationen selbst recherchiert. Notiere stichwortartig alle Informationen, die du in Erfahrung gebracht hast und für das Verfassen des Artikels brauchst.

60-Meter-Absturz mit dem Auto überlebt

LONDON. Ein englischer Autofahrer hat einen 60-Meter-Sturz mit seinem Wagen von einer Klippe überlebt. Er konnte am Sonntag Morgen lebend gerettet werden, nachdem er mit seinem Auto in Hartland Quay im westengli-
5 schen Devon in die Tiefe gestürzt war, teilten Polizei und Küstenwache übereinstimmend mit. Die Ursache für den Sturz und die Schwere der Verletzungen, die der Mann dabei erlitten hatte, waren zunächst noch unklar. Nach Angaben der britischen Küstenwache, die unter anderem
10 mit einem Hubschrauber im Einsatz war, wurde der verletzte Mann in ein Krankenhaus gebracht. Er sei aber fähig gewesen, mit seinen Rettern zu kommunizieren, hieß es dabei weiter. (dpa)
(Aachener Zeitung – Stadt, 7. Sep. 2009)

_____

_____

_____

_____

_____

_____

_____

_____

_____

_____

8 Schreibe die W-Fragen und ihre Antworten auf.

Kein Alkohol für junge Fahrer

Für Fahranfänger unter 21 Jahren gilt künftig ein absolutes Alkoholverbot am Steuer. Das hat der Bundestag am Freitag beschlossen. Das Verbot gilt auch für ältere Fahranfänger, die die 2-jährige Probezeit noch nicht abgeschlossen haben.
5 Werden sie mit Alkohol im Blut erwischt, drohen mindestens 125 Euro Bußgeld* und zwei Punkte in der Verkehrssünderkartei*. Ihre Probezeit verdoppelt sich auf vier Jahre, und sie müssen ein Aufbauseminar belegen. (dpa)
(Aachener Zeitung – Stadt, 26. Mai 2007)

* **Bußgeld:** Strafgeld
* **Verkehrssünderkartei:** Hier werden Vergehen im Straßenverkehr dokumentiert.

_____

_____

_____

Junger Mann versenkt Sportwagen bei Rendezvous

TRAVEMÜNDE (ddp). Mit einem übertriebenen Imponier-
gehabe hat ein 19 Jahre alter Mann in Travemünde einen
bösen Reinfall erlebt. Der Mann landete vor den Augen seiner Freundin mit einem geliehenen Luxussportwagen in der
5 Obertrave. Der 19-Jährige wollte mit dem Nobelflitzer seine
Freundin von einem Wassergrundstück abholen und parkte
an einer Kaimauer. Beim Vorfahren verwechselte er die
Gänge und schoss rückwärts in den Fluss.
(Rheinische Post, 14. Nov. 2009)

9 Unterstreiche im Text alle Prädikate und bestimme jeweils das Tempus.

versenkt _____   _Präsens_ _____

_____   _____

_____   _____

_____   _____

_____   _____

_____   _____

10 Welches Tempus wird für Nachrichten und Berichte vor allem gebraucht?

_____

_____

Für 50 000 Euro Schmuck ergaunert

11 a) Bringe die Schnipsel in eine logische Reihenfolge, indem du sie nummerierst.

zwei Trickbetrügerinnen

Ehepaar in Düsseldorf, 81 und 88 Jahre alt, ausgeraubt

eine der Frauen verschafft sich unter einem Vorwand Zutritt zur Wohnung des Paars

Polizei: schon vor einer Woche die Bürger in den Tageszeitungen wegen des „Zetteltricks" gewarnt

während sie schreibt: Komplizin schleicht sich ein

Beute: Schmuck im Wert von 50 000 Euro

Vorwand: will angeblich schriftliche Nachricht für Nachbarin hinterlassen, braucht dafür Zettel und Stift

Ehepaar lässt sie ohne Bedenken herein

b) Formuliere daraus einen Artikel und achte besonders auf den richtigen Gebrauch der Zeiten: Nutze das Präteritum.
Wird von Ereignissen berichtet, die zeitlich noch davor liegen, gebrauche das Plusquamperfekt.

Beispiel: Als das Kind den Spielplatz verlassen hatte, bat es eine ältere Frau um Hilfe.

_____

_____

_____

_____

_____

_____

_____

12 Lies die folgenden Antworten auf die W-Fragen.

Was? ein missglückter Raub in einer Metzgerei

Wer? ein ungeschickter Räuber, eine Verkäuferin

Wann? gestern Nachmittag, kurz vor Ladenschluss

Wo? Metzgerei in einem Vorort von Herne

Wie? Der Räuber wollte die Einnahmen der Metzgerei stehlen und verlangte von der Verkäuferin die Kasse.

Warum? Die schwerhörige Verkäuferin verstand den Räuber falsch. Statt „Kasse" verstand sie „Kassler" und rief eine Kollegin, weil kein Kassler mehr in der Kühltheke lag.

Welche Folgen? Der verunsicherte Räuber verließ fluchtartig das Geschäft. Die Einnahmen wurden so vor dem Diebstahl gerettet.

a) Formuliere einen kurzen Bericht über dieses Ereignis. Benutze die Antworten oben als Grundgerüst für deinen Text und achte auf den richtigen Gebrauch der Zeiten. Schreibe in dein Heft.

_____

_____

_____

_____

b) Verfasse eine Schlagzeile für deinen Bericht.

_____

_____

13 Betrachte folgendes Bild. Was könnte hier passiert sein?
Denke dir eigene Antworten auf die W-Fragen aus.

Was (ist passiert)?

_____

Wer (war beteiligt)?

_____

Wann (passierte es)?

_____

Wo (passierte es)?

_____

Wie (ist es passiert)?

_____

Warum (ist es passiert)?

_____

Welche Folgen (hatte das)?

_____

14 Verfasse mit Hilfe deiner selbst ausgedachten Antworten eine Meldung, die zu dem Bild passt. Denke daran, eine Schlagzeile zu formulieren.

_____

_____

_____

_____

_____

_____

_____

_____

_____

_____

_____

Bericht

Eine Nachricht, die lang und ausführlich ist, wird Bericht genannt. Ein Bericht beinhaltet häufig auch zusätzliche Informationen zu den Hintergründen eines Ereignisses. Daher findet man auch die Antworten auf alle W-Fragen in einem Bericht.

Espanyol-Kapitän tot im Hotel aufgefunden

Der Kapitän von Espanyol Barcelona* Dani Jarque ist tot. Er erlag im Alter von nur 26 Jahren vermutlich einem Herzinfarkt*.

COVERCIANO/BARCELONA – Der spanische Fußball trauert
5 um Dani Jarque: Der Kapitän und Abwehrspieler des spanischen Erstligisten Espanyol Barcelona war am Samstag im Trainingslager im italienischen Coverciano an den Folgen eines Herzleidens gestorben und tot in seinem Hotelzimmer aufgefunden worden. Das bestätigte der Traditions-
10 klub* auf seiner Homepage. Jarque wurde 26 Jahre alt. „Der Espanyol-Spieler starb an einer fehlerhaften Pumpfunktion des Herzens", teilte der Klub mit.

---

* **Espanyol Barcelona:** spanischer Fußballverein

* **Herzinfarkt:** Der Herzmuskel wird nicht mehr richtig durchblutet.

* **Traditionsklub:** ein Verein, den es schon lange gibt

Notarzt kommt zu spät

Der Mannschaftsarzt versuchte noch, Jarque zu reanimie-
15 ren*, doch alle Bemühungen schlugen fehl. Auch die herbei-
gerufenen Notärzte, die aus Florenz gekommen waren,
konnten Jarque nicht wiederbeleben. Laut eines Berichts
habe Dani Jarque in einem Telefonat mit seiner Freundin
plötzlich nicht mehr reagiert. Die Lebensgefährtin habe
20 daraufhin Mitspieler Ferran Corominas Telechea telefonisch um Hilfe gebeten.

Verantwortliche unter Schock

[...] Die Verantwortlichen des katalanischen Traditions-
klubs standen unter Schock. „Ich kann die Nachricht immer
25 noch nicht glauben", sagte Espanyol-Präsident Daniel Sanchez Llibre. Und weiter: „Jarque war eine große Persönlichkeit* und ein großartiger Profi. Er war so glücklich, dass er
bald Vater werden sollte. Er liebte Espanyol und freute sich
schon auf das neue Stadion."

30 „Es ist der reinste Horror"

Klub-Direktor German de la Cruz erklärte: „Es ist der
reinste Horror. Die Spieler sind am Boden zerstört. Vor
einem Augenblick war er noch unter uns, dann ist er von
uns gegangen – das ist schrecklich." [...]

35 Mitspieler finden leblosen Jarque

Die Espanyol-Mannschaftskollegen, die gerade beim ge-
meinsamen Essen versammelt waren, hatten Dani Jarque
leblos in seinem Hotelzimmer gefunden. Die Autopsie* des
Spielers sollte noch in Italien erfolgen, das Team kehrte am
40 Sonntag [...] zurück. In Spanien wird nun wieder über die
Qualität der sportärztlichen Untersuchungen im Vorfeld
der Fußball-Saison diskutiert.

---

* **reanimieren:** wiederbeleben

* **Persönlichkeit:** ein Mensch, der von vielen geachtet wird

* **Autopsie:** Untersuchung einer Leiche

Lösungen Standard Deutsch $^7/_8$

Leseheft · Zeitung & Co.

SEITE 6

1 –/–

2 *So könnte deine Tabelle aussehen:*

	Rheinische Post	BILD Zeitung
Wie ist die Seite aufgeteilt?	• Die größte Schlagzeile nimmt nur einen kleinen Teil der Seite ein. • Der Name der Zeitung steht oben quer über die Seite.	• Die größte Schlagzeile nimmt die gesamte obere Hälfte der Seite ein. • Der Name der Zeitung steht am linken Rand der Seite.
Welche verschiedenen Elemente kannst du erkennen? Vergleiche Schriftgröße und Bildauswahl.	• ein großes Bild • mehrere kleine Bilder • kleine bis mittelgroße Schrift	• Werbung • viele große Bilder • kleine bis sehr große Schrift • Manche Wörter sind unterstrichen.
Welche Themen werden bearbeitet?	• Gesundheitssystem • Fußball-Bundesliga • Fußball-WM-Auslosung • Lage auf dem Arbeitsmarkt • regionale Politik	• Fußball-WM-Auslosung • Fußball-Bundesliga • Lage auf dem Arbeitsmarkt • Gesundheitssystem • Weihnachtsgeschenke • Nikolaus
Welche Artikel sind besonders wichtig? Warum?	• Gesundheitssystem (größte Schlagzeile) • Fußball-Bundesliga (größtes Foto)	• Fußball-WM-Auslosung (größte Schlagzeile, großes Foto)

1

SEITE 7

3 *Das könnte dir aufgefallen sein:*
Die BILD-Zeitung verwendet viele umgangssprachliche Verben (z. B. „hat geknutscht", „haben sich hergemacht"). Die Rheinische Post verwendet sachlichere, weniger umgangssprachliche Verben.

4 *So könnte deine Antwort lauten:*
Ich werde auf beiden Titelseiten über die Ergebnisse der WM-Auslosung, eines Bundesliga-Fußballspiels, Änderungen bei den Krankenkassen und die aktuelle Situation auf dem Arbeitsmarkt informiert. Bei der Rheinischen Post stehen sachliche Themen wie das Gesundheitssystem im Vordergrund, bei der BILD-Zeitung ist die WM-Auslosung das wichtigste Thema und ich bekomme zusätzliche Informationen zu Weihnachtsgeschenken und dem Fernsehprogramm. Außerdem gibt es bei der BILD-Zeitung Werbung auf der 1. Seite.

5 *Dies könnte deine Erwartung sein:*
Ich erwarte, dass die Rheinische Post mir mehr Informationen über Politik liefert.
Ich erwarte, dass die BILD-Zeitung mir mehr Informationen zu Freizeit-Themen liefert (z. B. Nikolaus, Weihnachtsgeschenke).

6 *So könnte deine Antwort lauten:*
In der Rheinischen Post bekomme ich schon einige Informationen, die mich neugierig machen sollen. In der BILD-Zeitung nimmt die Überschrift einen viel größeren Platz ein und soll ebenfalls neugierig machen auf den Artikel dazu.

7 *Diese Themengebiete solltest du genannt haben:*
Politik (Deutschland, Europa, Welt), Lokales, Feuilleton, Sport, Wirtschaft, Vermischtes, Leserbriefe, Reportagen, Kommentare, Veranstaltungstipps

SEITE 8–13

1 *Folgende Begriffe könnest du markiert haben:*
– Kenia und Sambia (S. 8, Z. 10): Länder in Afrika
– Königsdisziplin (S. 10, Z. 2): hier: wichtigste Sportart
– Athlet (S. 10, Z. 6): Sportler
– Region (S. 11, Z. 14): Gegend
– flexibel (S. 12, Z. 2): hier: sich anpassen können
– Disziplin (S. 12, Z. 5): hier: spontan
– Parcours (S. 12, Z. 13): eine festgelegte Strecke

2 *Folgende Informationen solltest du markiert haben:*

2 a) Wasserkioske in Afrika: Hier können Menschen für wenig Geld sauberes Wasser und auch Lebensmittel kaufen.

2 b) Fünfkampf vor mehr als 2000 Jahren: Speerwurf, Diskuswurf, Weitsprung, Laufen, Ringen
Fünfkampf heute: Laufen, Fechten, Schwimmen, Schießen, Reiten

2 c) Weltweit sterben viele Menschen, weil sie nicht genug Wasser haben. Um zu helfen, bauen verschiedene Organisationen z. B. in Afrika Brunnen und Toiletten.

2 d) Ablauf: Fechten, Schwimmen, Springreiten, Laufen und Schießen. Mit Pausen dauert so ein Wettkampf oft mehr als neun Stunden.

3 *Diese Schlagzeilen und Texte gehören zusammen:*

3 a) Wasserkiosk als Dorftreffpunkt

3 b) Vom antiken zum modernen Fünfkampf

3 c) Sauberes Wasser für alle

3 d) Mit Pferd, Degen und Pistole

SEITE 13

4 *Folgenden Zusammenhang könnte es geben:*
Die Schlagzeilen fassen die wichtigsten Informationen sehr knapp zusammen.

SEITE 14 – 17

5 *Das könnte dir aufgefallen sein:*
Das gemeinsame Kennzeichen der Schlagzeilen ist, dass sie das Thema der dazugehörigen Artikel benennen.

6 *So könnten deine Schlagzeilen lauten:*

6 a) Schlägerei und Schüsse in Heinsberg

6 b) Ein Huhn als Haustier

6 c) 45 Minuten kopfüber in Kirmes-Fahrgerät

6 d) Schulweg zu Fuß hilft der Konzentration

SEITE 18

1 *Hier solltest du genannt haben:*
Was? Wer? Wann? Wo? Wie? Warum? Welche Folgen?

2 *Dies könntest du geantwortet haben:*
Die Sprache des Textes wirkt sachlich, z. B. „einen Polizeieinsatz ausgelöst"
(Z. 2–3), „Anwohner hatten die Beamten alarmiert" (Z. 4–5).

SEITE 19

3 *Folgende Wörter solltest du unterstrichen haben:*
– Was (ist passiert)? im Auto selbst das Radio eingeschaltet und auch gleich
  voll aufgedreht
– Wer (war beteiligt)? zwei Hunde
– Wann (passierte es)? –
– Wo (passierte es)? Mönchengladbach
– Wie (ist es passiert)? beim Herumtollen
– Warum (ist es passiert)? Die Vierbeiner waren in einem Fahrzeug
  zurückgelassen worden.
– Welche Folgen (hatte das)? Polizeieinsatz ausgelöst
– Anwohner hatten die Beamten alarmiert, weil sie sich durch die
  aufgedrehte Musik gestört fühlten.

SEITE 20

4 *Das solltest du angekreuzt haben:*
Fast der gesamte Text wird unterstrichen. Der Bericht besteht aus den
Antworten auf die W-Fragen.

5 a) *So lautet die Antwort:*
Die Frage „Wann (ist es passiert)?" wird im Text nicht beantwortet.

5 b) *So könnte deine Erklärung lauten:*
Die Antwort auf die Frage „Wann" kann bei einer Zeitungsnachricht im Text
fehlen, weil das Datum oben auf der Zeitungsseite steht.

SEITE 21

6 *So könnte deine Überlegung lauten:*
Der Artikel könnte in der Rubrik Lokale Meldungen eingeordnet sein, weil ein
lokales Thema behandelt wird, was keine weitere Bedeutung hat.

7 *Dies könnten deine Antworten sein:*
– Ein Autofahrer hat einen 60-Meter-Sturz mit seinem Wagen von einer Klippe überlebt.
– ein Autofahrer, Polizei, Küstenwache
– in England, in Hartland Quay im westenglischen Devon
– am Sonntag Morgen
– Der Autofahrer ist mit seinem Auto von der Klippe in die Tiefe gestürzt.
– Die Ursache für den Sturz war zunächst noch unklar.
– Der Mann wurde schwer verletzt in ein Krankenhaus gebracht.
– von der Polizei und der Küstenwache

SEITE 22

8 *Die W-Fragen und ihre Antworten lauten:*
– Was? absolutes Alkoholverbot am Steuer
– Wer? Fahranfänger unter 21 Jahren und ältere Fahranfänger, die die 2-jährige Probezeit noch nicht abgeschlossen haben
– Wann? künftig, d.h. ab sofort
– Wo? –
– Wie? –
– Warum? –
– Welche Folgen? mindestens 125 Euro Bußgeld, zwei Punkte in der Verkehrssünderkartei, Probezeit verdoppelt sich auf vier Jahre, müssen ein Aufbauseminar belegen

SEITE 24

9 *So sollte deine Auflistung aussehen:*

versenkt	Präsens (Gegenwart)
hat erlebt	Perfekt (vollendete Gegenwart)
landete	Präteritum (Vergangenheit)
wollte abholen	Präteritum (Vergangenheit)
parkte	Präteritum (Vergangenheit)
verwechselte	Präteritum (Vergangenheit)
schoss	Präteritum (Vergangenheit)

10 *Die Antwort lautet:*
Für Nachrichten und Berichte wird vor allem das Präteritum gebraucht.

11 a) *Das könnte die Reihenfolge der Schnipsel sein:*
- Polizei: schon vor einer Woche die Bürger in den Tageszeitungen wegen des „Zetteltricks" gewarnt
- Ehepaar in Düsseldorf, 81 und 88 Jahre alt, ausgeraubt
- zwei Trickbetrügerinnen
- eine der Frauen verschafft sich unter einem Vorwand Zutritt zur Wohnung des Paars
- Vorwand: will angeblich schriftliche Nachricht für Nachbarin hinterlassen, braucht dafür Zettel und Stift
- Ehepaar lässt sie ohne Bedenken herein
- während sie schreibt: Komplizin schleicht sich ein
- Beute: Schmuck im Wert von 50 000 Euro

SEITE 25

11 b) *So könnte dein Artikel lauten:*
Schon vor einer Woche hatte die Polizei in den Tageszeitungen wegen des „Zetteltricks" gewarnt. Nun haben die zwei Trickbetrügerinnen wieder zugeschlagen. Ein Ehepaar in Düsseldorf, 81 und 88 Jahre alt, wurde ausgeraubt. Eine der Frauen verschaffte sich unter einem Vorwand Zutritt zur Wohnung des Paars. Angeblich wollte sie eine schriftliche Nachricht für die Nachbarin hinterlassen und brauchte dafür Zettel und Stift. Das Ehepaar ließ sie ohne Bedenken herein. Während sie schrieb, schlich ihre Komplizin sich in die Wohnung ein und erbeutete Schmuck im Wert von 50 000 Euro.

SEITE 26

12 a) *Dein Bericht könnte so lauten:*
Ein ungeschickter Räuber hat gestern erfolglos versucht, die Einnahmen einer Metzgerei in einem Vorort von Herne zu stehlen. Am Nachmittag, kurz vor Ladenschluss, betrat er die Metzgerei und verlangte von der Verkäuferin die Kasse. Die schwerhörige Verkäuferin verstand den Räuber falsch. Statt „Kasse" verstand sie „Kassler" und rief eine Kollegin, weil kein Kassler mehr in der Kühltheke lag. Dadurch verunsichert verließ der Räuber fluchtartig das Geschäft. Die Einnahmen der Metzgerei wurden so vor dem Diebstahl gerettet.

12 b) *Das könnte deine Schlagzeile sein:*
Missglückter Raub in einer Metzgerei

SEITE 27

13 *Folgende Antworten sind z. B. möglich:*
- Was (ist passiert)? Ein Spielplatz wurde überschwemmt
- Wer (war beteiligt)? –
- Wann (passierte es)? Am vergangenen Freitag
- Wo (passierte es)? In einem Dorf bei Barcelona
- Wie (ist es passiert)? Heftige Regenfälle
- Warum (ist es passiert)? Starkes Unwetter
- Welche Folgen (hatte das)? Der Spielplatz des Kindergarten ist bis auf Weiteres unbenutzbar

SEITE 28

14 *So könnte deine Meldung lauten:*
Zahnarzt rettet Leben
In einem kleinen Dorf bei Barcelona hat ein heftiges Unwetter einen Spielplatz vollkommen überschwemmt und unbenutzbar gemacht. Die heftigen Regenfälle traten ganz plötzlich auf. Normalerweise hätten zu dieser Tageszeit die Kinder draußen gespielt. Da an diesem Tag aber der Zahnarzt im Kindergarten war, fiel die Spielstunde draußen aus. Der Spielplatz ist bis auf Weiteres unbenutzbar.

SEITE 31

1 *Diese Information solltest du angekreuzt haben:*
Der Kapitän von Espanyol Barcelona ist tot.

SEITE 32

2 *Diese Stellen solltest du markiert haben:*
- ist tot, erlag im Alter von nur 26 Jahren vermutlich einem Herzinfarkt (was?)
- der Kapitän von Espanyol Barcelona Dani Jarque (wer?)
- im Trainingslager im italienischen Coverciano (wo?)
- hat in einem Telefonat mit seiner Freundin plötzlich nicht mehr reagiert, ist tot in seinem Hotelzimmer aufgefunden worden (wie?)
- Folgen eines Herzleidens, starb an einer fehlerhaften Pumpfunktion des Herzens (warum?)

3 *Das sind die noch fehlenden Antworten:*
- Wann ist das passiert? am Samstag
- Welche Folgen hat das Ereignis? In Spanien wird nun wieder über die Qualität der sportärztlichen Untersuchungen im Vorfeld der Fußball-Saison diskutiert.
- Woher kommen die Informationen? Espanyol-Präsident Daniel Sanchez Llibre, Klub-Direktor German de la Cruz

4 *Das sind die W-Fragen und die Antworten darauf:*
- Was? Trauer um den plötzlich verstorbenen Fußballspieler
- Wer? Kapitän des Erstligisten Espanyol Barcelona, Dani Jarque
- Wo? im Mannschaftsquartier in Italien
- Wann? –
- Wie? Der Abwehrchef hatte in seinem Zimmer mit seiner Lebensgefährtin in Spanien telefoniert und dabei das Bewusstsein verloren.
- Was sind die Folgen? –

SEITE 33

5 *Folgende Unterschiede könnten dir aufgefallen sein:*
Der Bericht ist viel länger als die Meldung und beantwortet alle W-Fragen ausführlicher. Die Meldung erklärt nicht die Hintergründe des Ereignisses und gibt keine Antwort darauf, was die Folgen des Ereignisses sind.

6 –/–

SEITE 34

7 *Das solltest du angekreuzt haben:*
Meldung
Das sind die Merkmale der Textsorte „Meldung":
Eine Meldung gibt kurz und knapp die wichtigsten Informationen zu einem Sachverhalt/einem Vorfall wieder.

SEITE 35

7 *Das solltest du angekreuzt haben:*
Meldung
Das sind die Merkmale der Textsorte „Meldung":
Eine Meldung gibt kurz und knapp die wichtigsten Informationen zu einem Sachverhalt/einem Vorfall wieder.

7 *Das solltest du angekreuzt haben:*
Kommentar
Das sind die Merkmale der Textsorte „Kommentar":
Hier wird eine persönliche Meinung wiedergegeben. Es werden nicht nur
Informationen vermittelt, sondern der Autor/die Autorin äußert, was er/sie
persönlich zu diesem Thema oder Vorfall denkt.
Der Autor bemüht sich in diesem Artikel allerdings um einen sehr sachlichen
Ton. Deswegen kann es sein, dass du den Text als Meldung eingestuft hast.

1 –/–

2 *Die Gemeinsamkeit könntest du so benannt haben:*
Den 3 Texten und der Karikatur ist das Thema „Koma-Saufen" gemeinsam.

3 *Als Unterschiede könntest du z. B. genannt haben:*
– Text 1: knapp und sachlich
– Text 2: ausführlich beschreibend
– Text 3: beschreibend und wertend
– Text 4: bildlich dargestellt, lustig, aber mit ernster, kritischer
  Aussageabsicht

4 *Diese Antworten solltest du angekreuzt haben:*
Text 1:
– Partys, auf denen man zu einem Festpreis so viel Alkohol trinken kann, wie
  man möchte.

Text 2:
– Sie wetteten, wer mehr trinken kann (bis einer aufgibt).
– Er erkannte die Täuschung des Wirts nicht, der statt Tequila Wasser trank
  und ihm so ein falsches Bild seiner Kräfte bot.
– Lukas' Mutter wusste nicht, dass ihr Sohn von Zeit zu Zeit heftig trank.

Text 3:
- Der Autor meint das ironisch. Eigentlich versteht er nicht, wie Koma-Saufen und Flatrate-Partys jemandem Spaß machen können.
- ... dass ein Alkoholverbot nichts bringt, denn Erfahrungen in Ländern mit einem solchen Verbot zeigen, dass der Alkoholmissbrauch dort besonders blüht.
- ... um einen Appell. Der Autor formuliert seine Meinung ganz deutlich und versucht, die Leser von ihrer Richtigkeit zu überzeugen.

Text 4:
- Beim Koma-Saufen gibt es keine Gewinner, denn der Sieger stirbt.
- Sie werden auf einige negativ besetzte Eigenschaften reduziert: Sie rauchen, trinken, spielen Ego-Shooter und schauen Männermagazine an.

SEITE 47

5 *Diese Zuordnung solltest du getroffen haben:*
Kommentar: Text 3
Begründung: Der Autor sagt seine Meinung und bewertet das Koma-Saufen.

Bericht: Text 2
Begründung: Der Text berichtet ausführlich über sogenannte Flatrate-Partys.

Karikatur: Text 4
Begründung: Die bildliche Darstellung einer Party mit Koma-Saufen ist lustig, macht aber eine ernste, kritische Aussage.

Meldung: Text 1
Begründung: Der Text informiert knapp und sachlich darüber, was eine Flatrate-Party ist.

SEITE 48

6 –/–

1 –/–

2 *Das solltest du in die Tabelle eingetragen haben:*

14 % der befragten Fünftklässler/-innen	sind bei SchülerVZ angemeldet
72 % der befragten Sechstklässler/-innen	sind bei SchülerVZ angemeldet
82 % der befragten Siebtklässler/-innen	sind bei SchülerVZ angemeldet
93 % der befragten Achtklässler/-innen	sind bei SchülerVZ angemeldet

3 *So sollte das Balkendiagramm aussehen:*
Nutzung von SchülerVZ

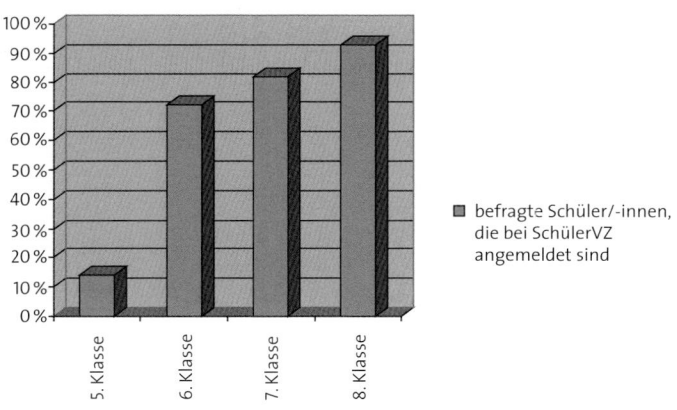

SEITE 52

4 *Folgende Aussagen sind möglich:*
Während in der 5. Klasse nur 14 % der befragten Schüler/-innen bei
SchülerVZ angemeldet sind, steigt die Prozentzahl in der 6. Klasse
sprunghaft. In der 8. Klasse sind schließlich fast alle Schüler/innen bei
SchülerVZ angemeldet.

5 *Das könnte dir auffallen:*
Alle Autorinnen sind Mädchen. Die meisten Namen klingen so, als würde zumindest ein Elternteil aus einem anderen Land kommen.

6 −/−

SEITE 53

7 *Diese Elemente sind ähnlich:*
− Die Artikel haben Schlagzeilen.
− Zu Beginn eines Artikels steht eine kurze Zusammenfassung ihres Inhalts.
− Artikel sind mit einem Foto illustriert.
− Der Titel der Zeitung steht deutlich erkennbar oben.

Das ist anders:
− Auf der ersten Seite sieht man nur Überschriften und Fotos.
− Erst wenn man die Überschrift anklickt, sieht man den vollständigen Artikel.
− Auf andere Artikel zum selben Thema verweisen Links.

SEITE 54

8 −/−

9 −/−

10 −/−

7 *Das solltest du angekreuzt haben:*
Kommentar
Das sind die Merkmale der Textsorte „Kommentar":
Hier wird eine persönliche Meinung wiedergegeben. Es werden nicht nur
Informationen vermittelt, sondern der Autor/die Autorin äußert, was er/sie
persönlich zu diesem Thema oder Vorfall denkt.
Der Autor bemüht sich in diesem Artikel allerdings um einen sehr sachlichen
Ton. Deswegen kann es sein, dass du den Text als Meldung eingestuft hast.

SEITE 42

1 –/–

SEITE 43

2 *Die Gemeinsamkeit könntest du so benannt haben:*
Den 3 Texten und der Karikatur ist das Thema „Koma-Saufen" gemeinsam.

3 *Als Unterschiede könntest du z. B. genannt haben:*
– Text 1: knapp und sachlich
– Text 2: ausführlich beschreibend
– Text 3: beschreibend und wertend
– Text 4: bildlich dargestellt, lustig, aber mit ernster, kritischer
  Aussageabsicht

SEITE 44 – 47

4 *Diese Antworten solltest du angekreuzt haben:*
Text 1:
– Partys, auf denen man zu einem Festpreis so viel Alkohol trinken kann, wie
  man möchte.

Text 2:
– Sie wetteten, wer mehr trinken kann (bis einer aufgibt).
– Er erkannte die Täuschung des Wirts nicht, der statt Tequila Wasser trank
  und ihm so ein falsches Bild seiner Kräfte bot.
– Lukas' Mutter wusste nicht, dass ihr Sohn von Zeit zu Zeit heftig trank.

SEITE 51

1 –/–

2 *Das solltest du in die Tabelle eingetragen haben:*

14 % der befragten Fünftklässler/-innen	sind bei SchülerVZ angemeldet
72 % der befragten Sechstklässler/-innen	sind bei SchülerVZ angemeldet
82 % der befragten Siebtklässler/-innen	sind bei SchülerVZ angemeldet
93 % der befragten Achtklässler/-innen	sind bei SchülerVZ angemeldet

3 *So sollte das Balkendiagramm aussehen:*
Nutzung von SchülerVZ

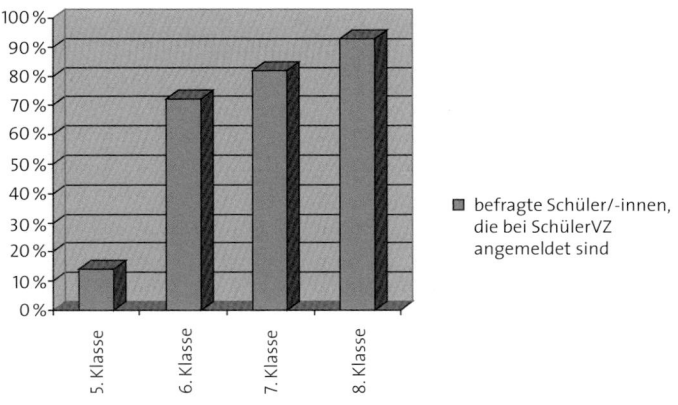

befragte Schüler/-innen, die bei SchülerVZ angemeldet sind

SEITE 52

4 *Folgende Aussagen sind möglich:*
Während in der 5. Klasse nur 14 % der befragten Schüler/-innen bei SchülerVZ angemeldet sind, steigt die Prozentzahl in der 6. Klasse sprunghaft. In der 8. Klasse sind schließlich fast alle Schüler/innen bei SchülerVZ angemeldet.

Angeblich kürzlich erst beim Medizin-Check

Angeblich war Jarque ebenso wie seine Teamkollegen [...]
45 kürzlich von Ärzten durchgecheckt worden. Dabei waren
aber keine Anomalien* festgestellt worden. Jarque war 2002
U-19-Europameister mit Spanien geworden.
Mit Espanyol gewann er den nationalen Pokal (2006) und
zog mit seinem Klub 2007 ins UEFA-Cup-Finale 2007 ein.
50 Im Endspiel unterlagen die Katalanen* dann dem spanischen Rivalen FC Sevilla im Elfmeterschießen.

* **Anomalien** (*Mehrzahl* von Anomalie)**:** etwas, was nicht normal ist
* **Katalanen:** Einwohner von Katalonien, einem Landstrich in Spanien, dessen
  Hauptstadt Barcelona ist

1 Welche Information ist die wichtigste in diesem Bericht?

☐ Der Kapitän von Espanyol Barcelona ist tot.

☐ Der Notarzt kommt zu spät.

☐ Der Mannschaftsarzt versuchte, den Fußballer zu
reanimieren.

☐ Für German de la Cruz ist das der reinste Horror.

☐ Die Freundin ruft telefonisch um Hilfe.

2 Suche diese Informationen in dem Berichten.
Gehe dabei so vor: Markiere im Text die Stellen, in denen die
oben genannten Informationen beinhaltet sind. Schreibe
an den Rand das Fragewort (Was? Wer? Wo? Wie? Warum?)

_____

_____

3 Die Antworten auf diese Fragen sind noch nicht gegeben:
– Wann ist das passiert?
– Welche Folgen hat das Ereignis?
– Woher kommen die Informationen für die Berichter-
stattung?

Markiere im Text die Stellen, in denen die oben genannten
Informationen beinhaltet sind. Schreibe an den Rand das
Fragewort (Wann? Welche Folge? Woher?).

4 Hier ist eine Meldung zu diesem Vorfall. Notiere die
W-Fragen und die Antworten darauf, die der Text dir gibt.

Tod im Trainingslager

Der spanische Fußball trauert um den Kapitän des Erstligisten Espanyol Barcelona, Dani Jarque. Der 26-Jährige war
im Mannschaftsquartier in Italien an einem plötzlichen
Herzversagen gestorben. Der Abwehrchef hatte in seinem
5 Zimmer mit seiner Lebensgefährtin in Spanien telefoniert
und dabei das Bewusstsein verloren.
(Aachener Zeitung – Stadt, 10. Aug. 2009)

_____

_____

_____

5 Worin unterscheiden sich die beiden Texte?
Verfasse eine ausführliche Antwort.

_____

_____

_____

_____

_____

_____

_____

_____

_____

_____

_____

_____

_____

6 Welcher Text spricht dich mehr an? Begründe und schreibe
in dein Heft.

7 Lies die folgenden Artikel und kreuze an, um welche Textsorte es sich handelt.

Liebender Schwan löst Autobahnstau aus

AMSTERDAM. Ein liebender Schwan hat in Holland einen Autobahnstau ausgelöst. Flügelschlagend blieb der Vogel beharrlich an der Seite seines verletzten Partnertieres, das beim Überqueren der A2 unweit von Utrecht von einem
5 Auto angefahren worden war. „Der Schwan ließ sich einfach nicht vertreiben", sagte ein Polizeisprecher. Erst als der tierärztliche Notdienst den Vogel aufgenommen hatte, konnte sich der sieben Kilometer lange Stau auflösen. (dpa)
(Aachener Zeitung – Stadt, 9. Sep. 2009)

☐ Meldung ☐ Kommentar

☐ Reportage ☐ Bericht

Überprüfe deine Antwort. Wenn sie falsch ist oder du dir beim Ankreuzen unsicher warst, dann schreibe kurz die Merkmale dieser Textsorte auf:

_____

_____

Deutsche Meisterschaften für Weihnachtsmänner in Celle

CELLE (RP) Der Weg zum Titel führt über einen Neunkampf: Bei den 4. Deutschen Meisterschaften der Weihnachtsmänner in Celle treten die Mitstreiter in neuen Disziplinen an. Zum Kräftemessen kommt es unter anderem bei den
5 Übungen „Schlittenkufenwechsel", „Lebkuchenhäuser bauen", „Schlittenparcours" und „Kinder besänftigen". Am Samstag, dem 18. Dezember, beginnt die Meisterschaft um 11 Uhr auf dem Celler Weihnachtsmarkt. Der Sieger steht um 15 Uhr fest. Rund 30 Weihnachtsmänner werden in
10 zwei Kategorien starten.
(Rheinische Post, 25. Nov. 2009)

☐ Meldung   ☐ Kommentar

☐ Reportage   ☐ Bericht

Überprüfe deine Antwort. Wenn sie falsch ist oder du dir beim Ankreuzen unsicher warst, dann schreibe kurz die Merkmale dieser Textsorte auf:

_____

_____

Schweizer sehen in den „Simpsons" Gefahr für Kinder

Zeichentrick Die Fernsehwächter halten die Serie für Zuschauer unter zwölf Jahren wegen „grober Gewalt" für ungeeignet.

BERN/MÜNCHEN. Homer Simpson ist ganzkörpergelb, ziem-
5 lich faul und ein bisschen blöd. Damit hat es der Antiheld der US-Trickfilmserie „Die Simpsons" immerhin schon auf 22 Jahre Bildschirm-Präsenz gebracht. Doch künftig wird im öffentlich-rechtlichen Schweizer Fernsehen (SF) jede Folge

mit einer Kinderwarnung ausgestrahlt: Das Programm sei
10 für Kinder unter zwölf Jahren nicht geeignet, erklärte der
Ombudsmann des Fernsehens, Achille Casanova. Durchge-
setzt hat diese Warnung eine besorgte Mutter. Sie wirft der
Serie generell „grobe Gewalt und Pornografie" vor und
bemängelt insbesondere eine Folge, in der es einen Ein-
15 bruch und einen Mord gibt und ein Familienvater auf den
elektrischen Stuhl auf seine Hinrichtung wartet. Die Frau
sagte auch, wenn die Serie um 17.25 Uhr im SF laufe, stün-
den viele Frauen am Herd und hätten keine Zeit, ihre Kinder zu beaufsichtigen. Ombudsmann Casanova sagte, der
20 Satireeffekt der Reihe sei klar erkennbar. Dass kleine Kinder
das Vorabendprogramm unbeaufsichtigt ansähen, weil die
Eltern mit anderem beschäftigt seien, habe nicht das Fernsehen zu verantworten.

Dennoch ist es inkonsequent, eine für Kinder nicht geeig-
25 nete Serie um diese Zeit auszustrahlen. Außerdem sind die
Eidgenossen von den Simpsons geradezu umzingelt. Denn
auch der Schweizer Ableger des Privatsenders ProSieben
strahlt die Serie aus: Wie in Deutschland um 18.10 und
18.40 Uhr. Das bleibt auch so. ProSieben-Sprecherin Sabine
30 Stephan sagte weiter, hierzulande bekämen die Folgen
sicher keinen Hinweis für Kinder unter zwölf Jahren.
Schließlich erhielten die „Simpsons"-DVDs von der Freiwil-
ligen Selbstkontrolle der Filmwirtschaft die Freigabe ab
sechs Jahren. (ang)

(Westdeutsche Zeitung, 26. Nov. 2009, Nr. 276)

☐ Meldung   ☐ Kommentar

☐ Reportage   ☐ Bericht

Überprüfe deine Antwort. Wenn sie falsch ist oder du dir
beim Ankreuzen unsicher warst, dann schreibe kurz die
Merkmale dieser Textsorte auf:

Verschiedene Texte – ein Thema: Zeitungstexte und ihre Möglichkeiten

Lies die folgenden Texte.

Text 1

Flatrate-Partys

Koma-Saufen findet häufig auf so genannten Flatrate-Partys statt. Auf diesen Feiern kann Alkohol zu einem Festpreis in beliebiger Menge getrunken werden. Die freie Auswahl – neben Bier sind oft auch Hochprozentiges wie Wodka und
5 Tequila oder Mix-Getränke im Angebot – ist manchmal auf einen bestimmten Zeitraum beschränkt. Das verleitet die oft jugendlichen Gäste bisweilen zum Kampftrinken möglichst großer Alkohol-Mengen in kürzester Zeit.
Nach Einschätzung von Ärzten hat seit dem Aufkommen
10 von Flatrate-Partys die Zahl der Alkoholvergiftungen bei jungen Menschen stark zugenommen. Der Deutsche Hotel- und Gaststättenverband (Dehoga) in Berlin hat keine Information über die Zahl von Lokalen, die Flatrate-Partys anbieten. (dpa)
(Aachener Zeitung – Stadt, 30. Mär. 2007)

Text 2

Lukas hatte keine Chance

Von Cornelia Herold

Drei Jahre und fünf Monate muss ein 28-jähriger Gast-wirt ins Gefängnis, weil er schuld ist am Tod eines 16-jährigen Schülers nach einem Tequila-Wetttrinken. Er selbst hatte oft Wasser statt Schnaps im Glas.

BERLIN. Fast unbewegt nahm der Berliner Gastwirt das Urteil entgegen. Drei Jahre und fünf Monate muss der 28-Jährige ins Gefängnis, weil er schuld ist am Tod des Schülers Lukas nach einem Tequila-Wetttrinken, urteilte
5 das Berliner Landgericht am Freitag. Der Kneipier hatte schon vor dem Urteil sein Gesicht hinter einer Zeitung versteckt und wollte nicht gesehen werden. Das Gericht fand klare Worte: „Der Angeklagte trägt die Verantwortung dafür, dass der Junge gestorben ist", sagte der Vorsitzende Richter
10 Peter Faust. Körperverletzung mit Todesfolge und unerlaubten Ausschank von Hochprozentigem an Minderjährige legte das Gericht ihm zur Last. Der Wirt habe gewusst, dass der Junge keine Chance hatte zu gewinnen, sagte der Richter. Dass Lukas bei dem Trinkgelage habe sterben können,
15 war vorhersehbar. Mindestens 45 Gläser Tequila stürzte der 16-Jährige in knapp einer Stunde im Februar 2007 im Lokal „Eye-T" in Berlin-Charlottenburg herunter. „Saufen, bis einer aufgibt", lautete das Motto der Wette mit dem Wirt. Sie endete, als der Schüler ins Koma fiel. Daraus erwachte
20 er nicht wieder. Rund vier Wochen später starb Lukas im Krankenhaus. Selbstgefährdung bis hin zur Selbsttötung und die Mitwirkung daran seien an sich nicht strafbar, argumentierte Faust mit Blick auf den Konsum von Alkohol, Zigaretten und Drogen. Der Fall von Lukas liege aber
25 anders. Lukas als trinkgewohnter Junge sei körperlich und psychisch fit gewesen und davon ausgegangen, dass er das Trinkduell gewinnt. Aber es war kein fairer Kampf, sagte

Richter Faust. Der Wirt habe mindestens zehn Gläser Wasser getrunken. Wegen der Täuschung habe der Jugendliche
30 keine Chance gehabt, sein Risiko einzuschätzen. Daher muss das selbstschädigende Verhalten laut Urteil dem Wirt zugerechnet werden. Als Lukas nicht mehr konnte, hatte der Wirt das Lokal gut gelaunt verlassen und war zu seiner Freundin gegangen. Den Jungen hatte er bei den jüngeren
35 Stammgästen liegen gelassen, die bei dem Kampftrinken ausgeschenkt oder serviert hatten. Einer von ihnen hatte zum Scherz auf den Körper von Lukas geschrieben, „du hast verloren – 44:45". Erst als der Gymnasiast blau angelaufen war, bemerkten die jungen Leute den Ernst der Situ-
40 ation und alarmierten den Notarzt. Als der Arzt eintraf, war der Junge mit 4,4 Promille klinisch tot. Der Wirt des inzwischen geschlossenen Lokals hatte vor Lukas Tod ohne große Bedenken Hochprozentiges an sehr junge Gäste ausgeschenkt. Er wolle nie wieder etwas mit Alkohol zu tun
45 haben, gestand der gelernte Bürokaufmann sein Versagen im Prozess. Das Lokal war unter Teenagern für seine konkurrenzlos günstigen Preise und fehlenden Alterskontrollen bekannt. Lukas war häufiger Gast. Seine Mutter wusste nichts von dem Wetttrinken, jedoch, dass Lukas bisweilen
50 heftig zechte. Sie hatte mit ihm über Alkohol gesprochen, hatte ihn gewarnt. Die Berlinerin hofft nun, dass der Tod ihres Sohnes aufrüttelt und der Fall nicht als Kavaliersdelikt in Erinnerung bleibt. Der Wirt hatte
55 in ihrer Abwesenheit sein Beileid ausgesprochen. „Es tut mir sehr, sehr, sehr leid", entschuldigte er sich. (dpa) *(Aachener Zeitung – Stadt, 4. Jul. 2009)*

Text 3

Bernd Büttgens

Saufen, bis der Arzt kommt
Absolutes Alkoholverbot für Jugendliche bringt nichts

Koma-Saufen: auch ein interessantes Hobby. Flatrate-Partys, also die kleine Pauschale für so viel Alkohol, wie nun mal in einen jungen Menschen reinpasst: auch ein schicker Samstagabend-Spaß. „Tequilla-Tom", wie der Boulevard
5 einen 16-Jährigen nennt, der nach dem Genuss von rund 50 Gläsern Hochprozentigem im Koma liegt, hat eine Diskussion ausgelöst, die gestern Morgen in der lautstarken politischen Forderung nach einem absoluten Alkoholverbot für Jugendliche ihren vorläufigen Höhepunkt erreichte.
10 Wenn in Deutschland gesellschaftlich etwas aus dem Ruder läuft, ist der Ruf nach Verboten immer das erste und vermeintlich beste Heilmittel. In diesem Fall würde dieser, von der Drogenbeauftragten der Union, Maria Eichhorn, geforderte Schritt überhaupt keinen Sinn haben. Denn dort, wo
15 ein solches Verbot herrscht – USA oder Großbritannien –, blüht der Alkoholmissbrauch wie nie zuvor. Nein, ein Verbot wäre nur eine Alibireaktion ohne große Aussicht auf Erfolg. Wir müssen zunächst festhalten, dass der Alkoholkonsum bei Jugendlichen insgesamt sinkt. Dass er aber in
20 der exzessiven Variante – im Jargon „Saufen bis zum Umfallen" – extrem zunimmt. Und dabei richtet sich der Blick nicht nur in die verwegene Hauptstadt, sondern auch in unsere Region. Grundsätzlich gilt der Alkohol neben dem Nikotin als der gesellschaftsfähigste Suchtstoff. Harmlos,
25 nett, man schaut auf die Werbung und erfreut sich an all den fröhlichen, gut gelaunten jungen Leuten. Dazu passt die unfassbare Einstellung des parlamentarischen Geschäftsführers der Unionsfraktion, Bernhard Kaster, wonach „Bier, Wein und Sekt in Deutschland Traditionsgetränke
30 sind". Ein schönes Stück Kultur! Doch zur Kultur gehört Verständnis, Wissen, gehört die dosierte Verabreichung. Es

muss Schluss sein mit der Verharmlosung des Alkohols! Der verantwortliche Umgang muss jungen Leuten ebenso erläutert werden wie die Gesundheitsgefährdung bei übermäßi-
35 gem Genuss. Der Rest ist dann, die bestehende und völlig ausreichende Gesetzeslage konsequent anzuwenden. Harte Drinks dürfen auch heute schon an Minderjährige nicht abgegeben werden. Entschieden wird der Kampf gegen den Alkohol im direkten Gespräch mit jungen Leuten. Es ist
40 eine Pflicht, stopp zu sagen, wenn man sieht, wie Jugendliche sich abfüllen. Da müssen Erwachsene Verantwortung übernehmen. Im Übrigen nicht nur in Vereinen, Schulen oder im Jugendtreff um die Ecke, sondern zuallererst daheim, in der Familie. Doch wie soll das gelingen, wenn viel
45 zu viele Erwachsene die Grundregeln im Umgang mit dem Alkohol selbst nicht beherrschen? Und in einer Party, an deren Ende alle sterngranatenvoll in die Nacht wanken, immer noch die Krönung eines schönen Wochenendes sehen?

(Aachener Zeitung – Stadt, 14. Mär. 2007)

Text 4

Neuer Jugend-Trend: Komasaufen

1 Kläre unbekannte Wörter in Text 1–4.

2 Was ist die Gemeinsamkeit der Texte, die du gerade gelesen hast, und der Karikatur, die du dir angesehen hast?

_____

_____

_____

_____

_____

_____

_____

3 Was sind die Unterschiede? Notiere deine Ideen und vergleiche sie später mit denen eines Mitschülers/einer Mitschülerin.

_____

_____

_____

_____

_____

_____

_____

4 Beantworte folgende Fragen zu den Zeitungstexten.
Solltest du unsicher sein, lies noch einmal nach.

Text 1

Was sind sogenannte Flatrate-Partys?

☐ Partys, auf denen günstige Kredite mit niedrigen Raten angeboten werden.

☐ Partys, auf denen man zu einem Festpreis so viel im Internet surfen kann, wie man möchte.

☐ Partys, auf denen man zu einem Festpreis so viel Alkohol trinken kann, wie man möchte.

Text 2

Was haben Lukas und der Berliner Gastwirt gewettet?

☐ Sie wetteten, wer mehr trinken kann (bis einer aufgibt).

☐ Sie wetteten, wer schneller trinken kann.

☐ Sie wetteten, wer zuerst die 3-Promille-Grenze erreicht.

Warum schätzte Lukas sein Risiko bei der Wette falsch ein?

☐ Er hatte schon vor der Wette einiges getrunken und das wahrscheinlich vergessen.

☐ Er erkannte die Täuschung des Wirts nicht, der statt Tequila Wasser trank und ihm so ein falsches Bild seiner Kräfte bot.

☐ Er trank anderen, stärkeren Alkohol als der Wirt, wusste das aber nicht.

Welche Aussage passt nicht zum Text?

☐ Lukas starb vier Wochen nach dem Wetttrinken.

☐ Weil er für Lukas' Tod die Verantwortung trägt, muss der
Wirt für drei Jahre und fünf Monate ins Gefängnis.

☐ Lukas' Mutter wusste nicht, dass ihr Sohn von Zeit zu
Zeit heftig trank.

Text 3

> „Koma-Saufen: auch ein interessantes Hobby. Flatrate-Partys
> […]: auch ein schicker Samstagabend-Spaß."

Welche Einstellung des Autors wird in diesem Zitat aus
seinem Text deutlich?

☐ Der Autor ist begeistert über diese neue Form der
Samstagabend-Unterhaltung und findet sie richtig gut.

☐ Der Autor meint das ironisch. Eigentlich versteht er
nicht, wie Koma-Saufen und Flatrate-Partys jemandem
Spaß machen können.

☐ Der Autor ist sich nicht sicher, was er von diesem Hobby
einiger Jugendlicher halten soll.

Der Autor des Textes behauptet,

☐ … dass ein Alkoholverbot nichts bringt, denn Erfahrungen in Ländern mit einem solchen Verbot zeigen,
dass der Alkoholmissbrauch dort besonders blüht.

☐ … dass Bier, Wein und Sekt in Deutschland Traditionsgetränke sind und deshalb zur Kultur gehören.

☐ … dass harte Drinks an Minderjährige abgegeben
werden können, wenn die Jugendlichen vorher über die
Gesundheitsgefährdung aufgeklärt worden sind.

„Es muss Schluss sein mit der Verharmlosung des Alkohols! Der verantwortliche Umgang muss jungen Leuten ebenso erläutert werden wie die Gesundheitsgefährdung bei übermäßigem Genuss."

Bei dieser Aussage des Autors handelt es sich

☐ … um einen Appell. Der Autor formuliert seine Meinung ganz deutlich und versucht, die Leser von ihrer Richtigkeit zu überzeugen.

☐ … um eine Bitte. Der Autor wendet sich an die Leser und versucht, sie vorsichtig von seiner Meinung zu überzeugen.

☐ … um eine Behauptung. Der Autor ist nicht sicher, dass seine Idee die richtige ist. Daher formuliert er eher zurückhaltend.

Text 4

Welche Aussage will die Karikatur vermitteln?

☐ Beim Koma-Saufen gibt es keine Gewinner, denn der Sieger stirbt.

☐ Koma-Saufen macht Riesenspaß, genau wie Playstation-Spielen und Rauchen.

☐ Koma-Saufen ist ein Hobby für harte Jungs, denen Trinken nichts ausmacht.

Wie werden Jugendliche in der Karikatur dargestellt?

☐ Sie werden so vielfältig gezeigt, wie sie in Wirklichkeit sind.

☐ Sie werden auf einige negativ besetzte Eigenschaften reduziert: Sie rauchen, trinken, spielen Ego-Shooter und schauen Männermagazine an.

☐ Sie wirken nett. Der Zeichner hat versucht, sie freundlich darzustellen.

5 In einer Zeitung gibt es verschiedene Textformen. Ordne den Texten ihre Bezeichnung zu. Begründe deine Zuordnung.

Kommentar _____

Begründung _____

_____

Bericht _____

Begründung _____

_____

Karikatur _____

Begründung _____

_____

Meldung _____

Begründung _____

_____

6 Welche Meinung hast du zu Flatrate-Partys?
Formuliere einen Leserbrief an die Zeitung, in der die oben
abgedruckten Artikel erschienen sind, und mache darin
deine Ansicht deutlich. Beziehe dich in deinem Text auf
einen der Artikel.

_____

_____

_____

_____

_____

_____

_____

_____

_____

_____

_____

_____

_____

_____

Informationen aus dem Netz: Alternativen zur gedruckten Zeitung

SchülerVZ – Tummelplatz für Achtklässler

Lüdenscheid, den 12. November 2009,

Zeus-Reporterinnen Burggymnasium Altena

ALTENA. „Ich kenne die Gefahren, aber ich bin trotzdem angemeldet." Diese Aussage lasen die Schüler der Klasse 8c
5 des Burggymnasiums in Altena häufig, als sie eine Umfrage zum Thema SchülerVZ in den Jahrgangsstufen 5, 6, 7 und 8 ihrer Schule durchführten.

Zum Schluss kamen sie zum dem Ergebnis, dass 66 Prozent der Befragten die Internet-Plattform SchülerVZ nutzen. Die
10 übrigen 34 Prozent gaben an, dass die Gefahr des Daten-Ausspähens keine Rolle bei ihrer Entscheidung spielte, sich nicht anzumelden.

Über Gefahren bewusst

Die meisten sind nicht angemeldet, weil die Eltern es nicht
15 erlauben oder der Computer für die Daten-Verarbeitung aus dem Internet zu alt ist. Die Umfrage hat außerdem ergeben, dass die meisten Schüler Bilder von sich, ihr Geburtsdatum und die Vereine, in denen sie Mitglied sind, im Internet angeben.

20 In der 5. Klasse sind nur 14 Prozent bei SchülerVZ angemeldet. Die anderen kannten diesen Chatroom gar nicht und wussten nichts damit anzufangen. Die 10- bis 11-Jährigen, die dort angemeldet sind, finden SchülerVZ toll, aber sie kennen auch die Gefahren.

25 In der 6. Klasse stieg der Prozentanteil stark. In der Altersgruppe von 11 bis 12 Jahren nutzen 72 Prozent der Befragten SchülerVZ, um sich mit Freunden auch außerhalb der

Schulzeit zu unterhalten und Freundschaften mit denjenigen zu erhalten, die weggezogen sind. Aus der Umfrage
30 wurde klar, dass sie sich kaum der Gefahren bewusst sind.

In der 7. Klasse sind es 82 Prozent der Schüler, die Bilder, Vereine und andere Sachen im Internet von sich preisgeben. Jedoch denken sie auch über den Datenschutz nach. Besonders auffällig war, dass von den 12 bis 13 Jahre alten
35 Schülern mehr Mädchen als Jungen bei SchülerVZ angemeldet sind.

Von den 13- bis 14-jährigen Schülern und Schülerinnen, die in die 8. Klasse gehen, sind 93 Prozent bei SchülerVZ angemeldet – und das schon seit durchschnittlich einem Jahr.
40 Sie wissen über die Gefahren und den Datenschutz Bescheid, aber das interessiert die Meisten sehr wenig.

Zum Schluss waren sich alle einig, dass der ganze Datenskandal nicht dazu beigetragen hat, dass die Schüler und Schülerinnen keine persönlichen Daten von sich preis-
45 geben oder sich abmelden. Sie finden SchülerVZ gut, weil sie sich so kostenlos mit ihren Freunden unterhalten und neue Freundschaften knüpfen können.

Chiara Floridia, Damla Kilic, Larissa Dräger, Merve Sarikaya, Klasse 8 c, Burggymnasium Altena

1 Lies den Text. Markiere wichtige Informationen und kläre unbekannte Wörter.

2 In dem Artikel findest du eine Reihe von Zahlenangaben zur Nutzung von sozialen Netzwerken im Internet.
Schreibe diese Zahlen in eine Tabelle.

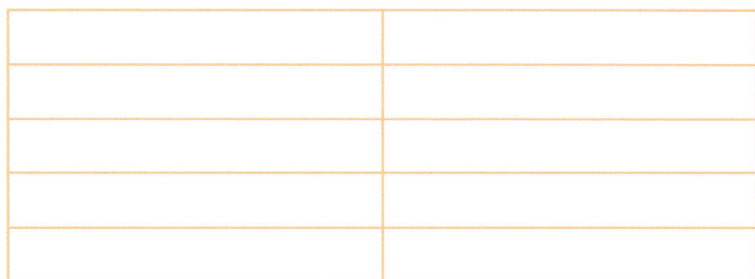

3 Erstelle ein Säulendiagramm aus diesen Zahlen.
Finde eine Überschrift für dein Diagramm.
Mit einem Säulendiagramm kann man verschiedene Angaben in ein Verhältnis zueinander setzen und grafisch darstellen.

4 Was kannst du daran ablesen?

_____

_____

_____

5 Schaue dir genau die Autoren dieses Artikels an.
Was fällt dir auf?

_____

_____

_____

ZEUS ist ein Projekt, um Schülerinnen und Schüler
vertrauter mit der Zeitung zu machen.

6 Was glaubst du, worin die Unterschiede zwischen einer
Zeitung im Internet und einer gedruckten Tageszeitung
bestehen? Vergleiche deine Vermutungen mit denen deines
Lernpartners/deiner Lernpartnerin.

_____

_____

_____

Hier siehst du die Startseite von ZEUS.

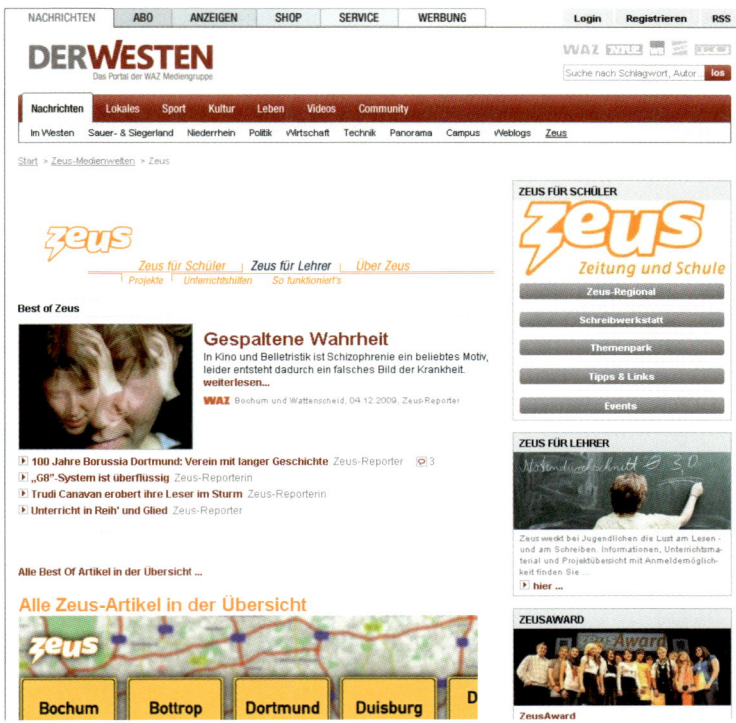

7 Welche Elemente einer Tageszeitung erkennst du wieder?
Was ist anders?

Tipp: Blättere zurück zu S. 4, der ersten Seite einer
gedruckten Tageszeitung.

_____

_____

_____

8 Für welches Ressort* bei ZEUS würdest du gerne schreiben? Warum?

_____

_____

_____

9 Schreibe einen Artikel zu einem von dir gewählten Thema.

10 Frage deine Eltern, Großeltern, Geschwister, Lehrer, Mitschüler, ob sie lieber eine gedruckte Zeitung lesen oder eine Zeitung im Internet. Fertige dazu ein Kreisdiagramm an. Vergleicht die Ergebnisse in der Klasse.

* **Ressort:** Bereich

Textquellenverzeichnis:
S. 8–9 Wasserkiosk als Dorftreffpunkt (dpa). Aus: Aachener Zeitung, 17.8.2009 **S. 10** Vom antiken zum modernen Fünfkampf (dpa). Aus: Aachener Zeitung, 11.8.2009 **S. 10–11** Sauberes Wasser für alle (dpa). Aus: Aachener Zeitung, 17.8.2009 **S. 12–13** Mit Pferd, Degen und Pistole (dpa). Aus: Aachener Zeitung, 11.8.2009 **S. 14** Dieter Schumachers: Schlägerei und Schüsse in Heinsberg. Aus: Aachener Zeitung, 18. 8.2009 **S. 15** Ein Huhn als Haustier (dpa). Aus: Aachener Zeitung, 18.8.2009 **S. 16** 45 Minuten kopfüber in Kirmes-Fahrgerät (dpa). Aus: Aachener Zeitung, 10.8.2009 **S. 17** Schulweg zu Fuß hilft der Konzentration (dpa). Aus: Aachener Zeitung, 7.8.2009 **S. 18** Tim in der Smitten: Hunde schalten Autoradio an (IdS). Aus: Westdeutsche Zeitung, 11.11.2002 **S. 21** 60-Meter-Absturz mit dem Auto überlebt (dpa). Aus: Aachener Zeitung, 7.9.2009 **S. 22** Kein Alkohol für junge Fahrer (dpa). Aus: Aachener Zeitung, 26.5.2007 **S. 23** Junger Mann versenkt Sportwagen bei Rendezvous (ddp). Aus: Rheinische Post, Jg. 136, Nr. 266, 14.11.2009 **S. 29–31** Espanyol-Kapitän tot im Hotel aufgefunden. http://www.sport1.de/de/fussball/fus_international/fussball_international_primera_division/artikel_138116.html (9.8.2009) **S. 32** Tod im Trainingslager (dpa). Aus: Aachener Zeitung, 10.8.2009 **S. 34** Liebender Schwan löst Autobahnstau aus (dpa). Aus: Aachener Zeitung, 9.9.2009 **S. 35** Martina Stöcker: Deutsche Meisterschaften für Weihnachtsmänner in Celle. Aus: Rheinische Post, 25.11.2009 **S. 35–36** Anne Grages: Schweizer sehen in den „Simpsons" Gefahr für Kinder. Aus: Westdeutsche Zeitung, Nr. 276, 26.11.2009 **S. 37** Flatrate-Partys (dpa). Aus: Aachener Zeitung, 30.3.2007 **S. 38–39** Cornelia Herold: Lukas hatte keine Chance. Aus: Aachener Zeitung, 4.7.2009 **S. 40–41** Bernd Büttgens: Saufen, bis der Arzt kommt. Aus: Aachener Zeitung, 14.3.2007 **S. 49–50** Zeus-Reporterinnen vom Burggymnasium Altena: SchülerVZ – Tummelplatz für Achtklässler. http://www.derwesten.de/nachrichten/zeusmedienwelten/zeus/fuer-schueler/zeus-regional/luedenscheid/Tummelplatz-fuer-Achtklaessler-id1429932.html

Bildquellenverzeichnis:
S. 4 Rheinische Post, Titelseite vom 5.12.2009 **S. 5** Bild Zeitung, Titelseite vom 5.12.2009 **S. 27** picture alliance/EFE **S. 29** Fotolia.com **S. 42** Thomas Wimmer, Zeichner und Illustrator **S. 50** Fotolia.com **S. 53** Zeus Zeitung und Schule: www.zeusteam.de

Wir danken den Rechteinhabern für die Abdruckgenehmigung. Da es uns leider nicht möglich war, alle Rechteinhaber zu ermitteln, bitten wir, sich gegebenenfalls an den Verlag zu wenden.

Lektorat: Katja Hohenstein, Wiebke Herrmann (Assistenz)
Bildrecherche: Helene Schopohl
Umschlaggestaltung: Visuelle Gestaltung Katrin Pfeil, Mainz
Layout und technische Umsetzung: Annika Preyhs für Buchgestaltung+

www.cornelsen.de

Die Webseiten Dritter, deren Internetadressen in diesem Lehrwerk angegeben sind, wurden vor Drucklegung sorgfältig geprüft. Der Verlag übernimmt keine Gewähr für die Aktualität und den Inhalt dieser Seiten oder solcher, die mit ihnen verlinkt sind.

Druck: AZ Druck und Datentechnik GmbH, Kempten

ISBN 978-3-06-061843-9

PEFC zertifiziert
Dieses Produkt stammt aus nachhaltig bewirtschafteten Wäldern und kontrollierten Quellen.
www.pefc.de
PEFC/04-31-2260